MANUEL

DU

PÈRE DE FAMILLE.

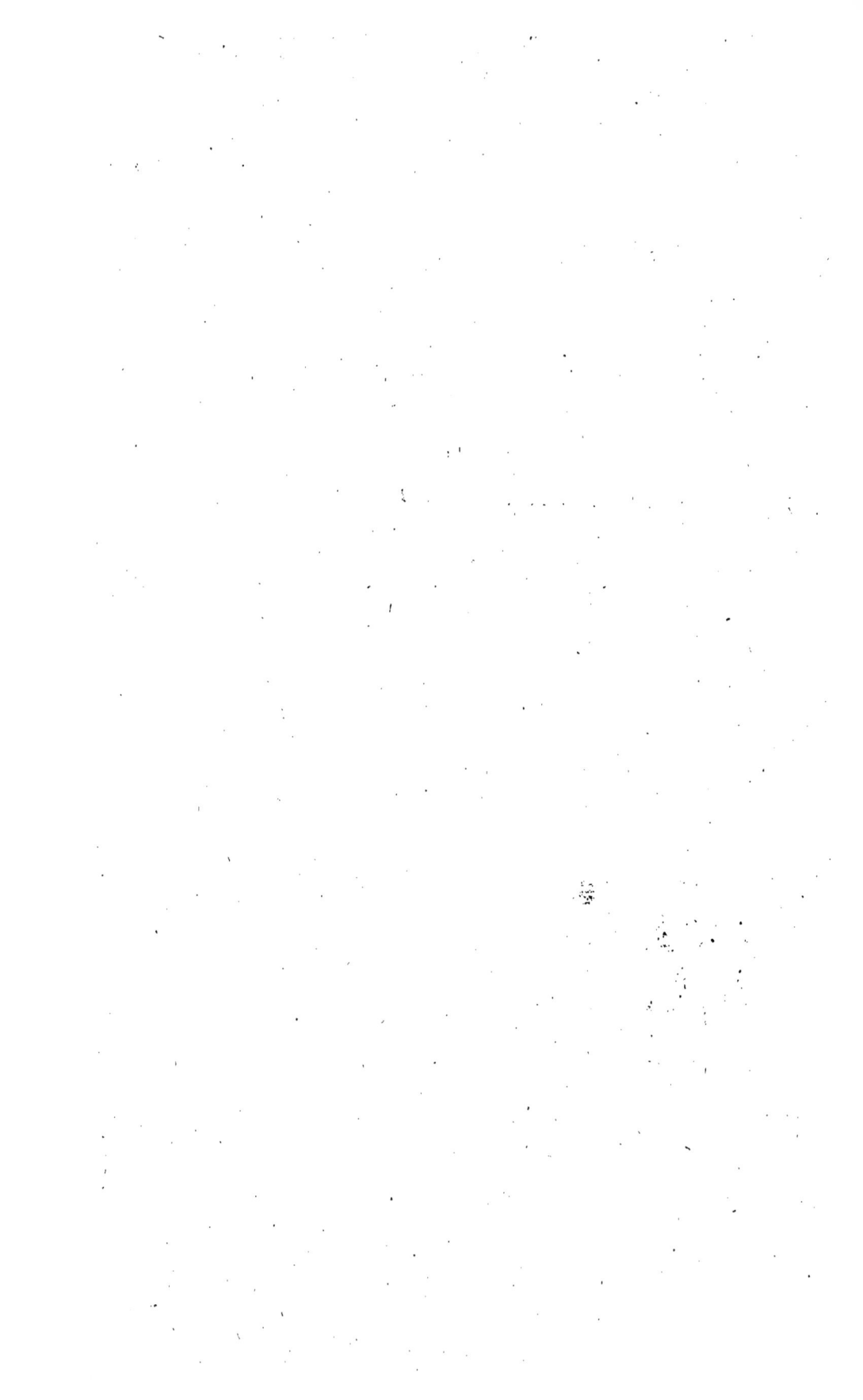

MANUEL

DU PÈRE DE FAMILLE,

ou

NOUVELLES MÉTHODES

DE L'ALLAITEMENT ARTIFICIEL,

ET DE FAIRE PRENDRE AUX ENFANS, ET MÊME AUX ADULTES,

LES LIQUIDES DANS CERTAINS CAS ;

PAR J. LASSERRE,

MEMBRE DE LA CI-DEVANT COMMUNAUTÉ DE CHIRURGIE DE LA VILLE D'AGEN , CHIRURGIEN-
ACCOUCHEUR ET LITHOTOMISTE , ANCIEN CHIRURGIEN-MAJOR DES ARMÉES.

Prix: 1 fr. 75 c.

Orné de Gravures.

SE VEND A AGEN,

Chez { PROSPER NOUBEL , Imprimeur-Libraire ;
l'AUTEUR , rue des Arènes , n.° 68 ;

A PARIS,

Chez MÉQUIGNON-MARVIS , rue de l'École de Médecine.

1822.

PRÉFACE.

S'il est du devoir de tout citoyen qui se consacre par état au bien public de faire jouir ses semblables du fruit de son industrie, c'est surtout lorsqu'il s'agit de la conservation des hommes. Cette considération suffira pour justifier la publicité que je donne à deux inventions qui ont pour objet de sauver, dans certains cas, ces êtres aussi intéressans que foibles qui touchent, pour ainsi dire, en naissant, au terme de leur existence par le défaut de nourriture ou de remèdes. Je veux parler des enfans à la mamelle, qui, par un accident quelconque, sont privés des secours d'une mère ou d'une nourrice, et de ceux en général auxquels on ne peut administrer ce qui doit conserver leur vie ou rétablir leur santé. Mon but n'est pas de donner un traité des maladies des enfans et des moyens de les guérir; si j'en dis quelque chose en passant, c'est pour faire connoître ce qui est indiqué dans des cas urgens où les parens, éloignés de tous secours, doivent et peuvent donner les soins convenables.

Le principal et l'unique but que je me propose, dans cet espèce de Manuel, est de remplacer le sein d'une nourrice en faveur des enfans qui en sont privés, et de leur faire prendre, avec facilité, dans leurs maladies, tous les liquides nécessaires, malgré leur répugnance.

Tous les livres de médecine sont pleins de recettes pour les maladies des enfans, mais dans tous on voit que les Médecins gémissent sur la difficulté, et souvent sur l'impossibilité de les leur faire prendre :

1

il arrive de là, tous les jours, qu'un grand nombre de ces malheureuses créatures frustrent, par une mort prompte et inévitable, l'espoir de leurs parens et de la Patrie.

Mais cette difficulté, je l'espère, n'en sera plus une, et j'ai la confiance de l'avoir vaincue par les procédés les plus simples et les plus aisés à mettre en pratique. Les enfans prendront les remèdes, quels qu'ils soient, agréables ou non, sans obstacle ou sans résistance, quelle que soit leur foiblesse : ce moyen est d'ailleurs applicable aux adultes dans certains cas, comme on le verra dans le cours de l'ouvrage; c'est vers ce dernier but que ma seconde méthode est dirigée.

Quant à la première des deux inventions que j'annonce, et qui a pour objet l'allaitement artificiel, l'utilité ou la nécessité n'en est peut-être pas aussi généralement reconnue; mais quiconque saura ce qui se passe dans les hospices des enfans trouvés, où ces malheureuses victimes du libertinage, privées du sein maternel, n'ont pas même souvent de nourrice mercenaire, ou sont réduites à recevoir la nourriture par des procédés mécaniques, toujours gênans et souvent dangereux, jugera aisément que le moyen que je propose, loin d'avoir les inconvéniens des autres, offre au contraire tous les avantages désirables; on peut dire qu'il supplée à la nature autant que l'art peut le faire.

J'ai lieu d'espérer que ces procédés, qui ne pourront paroître indifférens ou inutiles qu'à ceux qui n'en auront point observé les effets, seront accueillis du Gouvernement ou des Administrateurs à qui il confie

les intérêts du peuple, et qu'ils seront surtout introduits dans les hospices, où les enfans, abandonnés
pour ainsi dire à leur malheureux sort, excitent
davantage l'attention et la sollicitude de l'autorité
publique.

Puissé-je voir prospérer le fruit de mes travaux !
Puissé-je, par ce moyen, voir conserver aux familles
des enfans, à l'Etat des citoyens, et recevoir ainsi
la plus douce récompense à laquelle je doive prétendre!

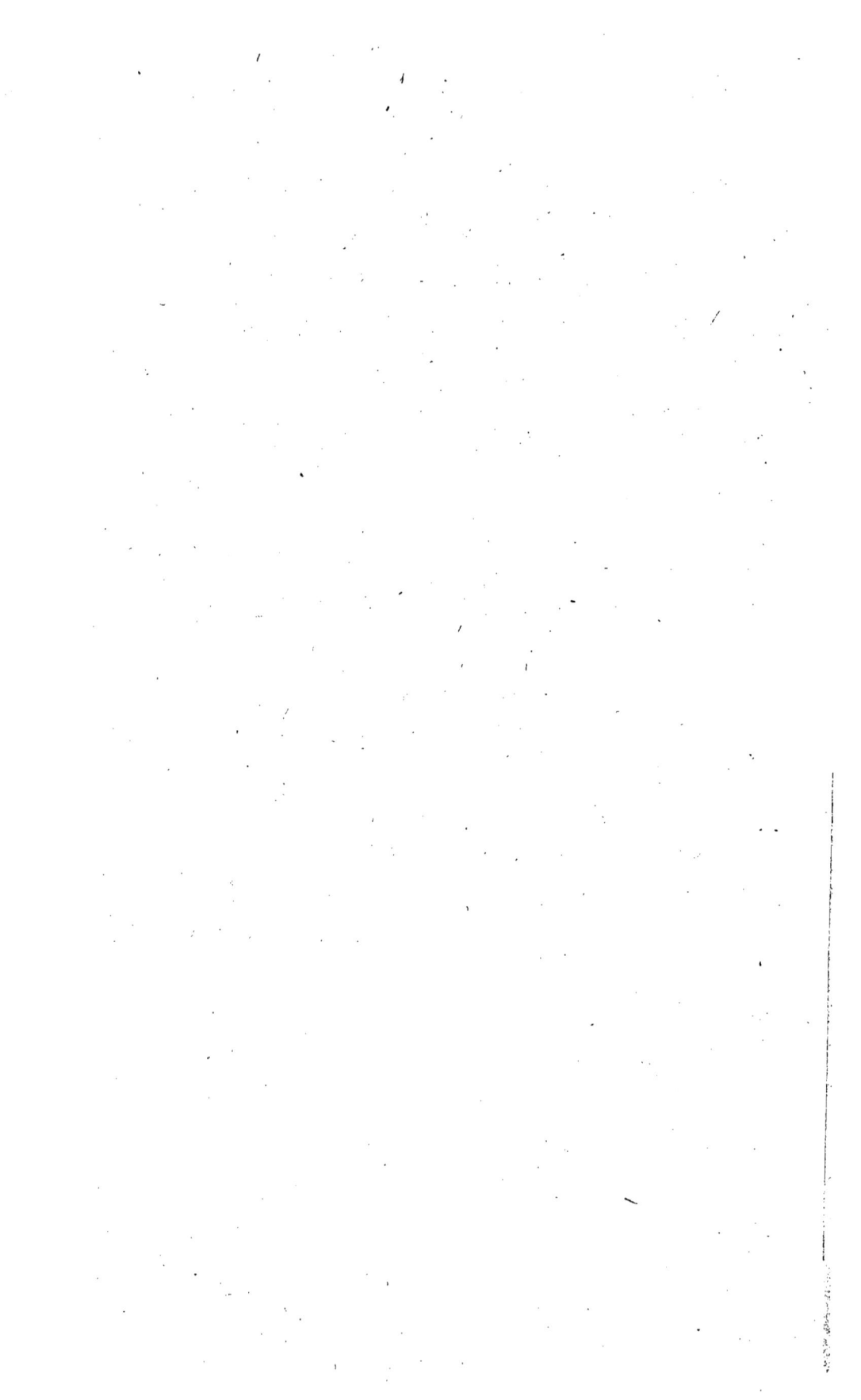

MANUEL
DU PÈRE DE FAMILLE.

PREMIÈRE PARTIE.

Allaitement artificiel.

L'ALLAITEMENT artificiel a pour objet de substituer au sein de la mère ou d'une nourrice un moyen propre à faire prendre à l'enfant qu'on veut conserver le lait ou tout autre liquide nécessaire pour sa nourriture.

Pour traiter avec ordre de l'allaitement artificiel il faut exposer : 1.° la nécessité ou l'utilité de cette méthode ; 2.° les moyens ou instrumens dont on s'est servi jusqu'à ce jour, leurs avantages, leurs inconvéniens et leur manière d'agir ; 3.° la méthode que je propose et la manière de s'en servir ; 4.° le choix du lait à donner à l'enfant, la gradation suivant laquelle on doit rendre ce liquide plus substantiel, à proportion que la nourriture doit être plus consistante, ou lui substituer quelqu'autre aliment approprié.

Cette division présente autant d'articles à traiter successivement.

ARTICLE PREMIER.

Nécessité de l'allaitement artificiel.

Pour traiter convenablement cet article et le mettre à la portée de tout le monde, on doit considérer :

1.º l'état de l'enfant au moment de sa naissance ;
2.º les obstacles à l'allaitement naturel et la nécessité de recourir aux moyens artificiels ; 3.º les particularités de sa procréation ; 4.º enfin, les maladies
physiques et les affections morales des nourrices qui
s'opposent à ce qu'elles remplissent cette fonction.

Plusieurs circonstances établissent la nécessité de
nourrir l'enfant à la main. Un enfant venant au monde
foible et exténué, ayant souffert au passage, man-
quant des forces nécessaires pour sucer le mamelon,
conserve cependant assez de vie pour opérer la déglutition de quelques gouttes d'un liquide propre à
le ranimer ; excité par ce secours, il jouira, aussi
bien que s'il étoit né dans les dispositions les plus
favorables, de la faculté de recevoir la nourriture qui
lui est destinée. De combien d'enfans la privation ou
l'ignorance d'un pareil secours n'occasionne-t-elle pas
la mort parmi le peuple !

Le plus souvent la difficulté de téter qu'éprouve
un enfant qui vient de naître, tient à la foiblesse,
au lieu de dépendre du filet, auquel les nourrices
l'attribuent légèrement et sans réflexion. Fréquemment consulté en pareil cas, j'ai presque toujours
reconnu la foiblesse pour cause de cet accident. Il
ne reste alors d'autre ressource que de les nourrir
à la main.

L'allaitement artificiel est encore indispensable, lorsqu'un enfant vient au monde avec un bec de lièvre
compliqué de la division de la voûte palatine et du
voile du palais. Underwood conseille de nourrir les
enfans de naissance, après l'opération du bec de
lièvre, avec la cuiller. Le moyen que je propose est

infiniment préférable : ce moyen sera encore très-
utile lorsque les enfans viennent à être affectés d'aphthes, maladie qui les empêche de prendre et de sucer
le téton.

Les maladies syphilitiques et autres dont il sera
question, sont encore un obstacle à l'allaitement
naturel, et obligent de recourir à l'allaitement artificiel.

Si un enfant vient au monde avec une affection
syphilitique, il ne doit avoir d'autre nourrice que
sa mère ou il faut qu'il soit nourri à la main ; il
seroit dangereux et imprudent pour une nourrice
saine d'allaiter un pareil nourrisson, et il ne seroit
pas sans inconvénient pour lui qu'une femme saine
le nourrit, à moins qu'elle ne subit un traitement
convenable. Néanmoins il paroît encore préférable
que cet enfant soit nourri artificiellement. La facilité
de donner par ce moyen les soins nécessaires à la
conservation de ces malheureuses victimes, que l'on
ne dédaigne que trop ordinairement, en les livrant
sans pitié à leur malheureux sort, surtout dans les
lieux publics destinés à les recevoir, conservera à
l'Etat des sujets qui pourront un jour lui être fort
utiles.

Quant à la procréation, on ne doit pas ignorer
que l'enfant apporte, en sortant du sein de la mère,
les maladies physiques ou morales dont les auteurs
de ses jours sont eux-mêmes affectés, sans en excepter
les vices de conformation.

Les maladies physiques des mères et des nourrices
qui s'opposent à l'allaitement naturel sont : la syphilis,
les maladies psoriques et dartreuses plus ou moins

invétérées, et les affections scorbutiques, scrophu-
leuses, rachitiques, nerveuses, épileptiques, cancé-
reuses, catarrhales avec sueurs nocturnes et disposition
à la pulmonie.

Les affections morales qui s'opposent encore à l'allaitement naturel, sont les passions fortes, telles que
la colère, la haine, le chagrin, l'ivrognerie, la
nimphomanie ou fureur utérine, etc. (1)

Lorsqu'il survient à la mère ou à la nourrice un
accident ou une maladie qui les empêche de continuer d'allaiter, il faut leur soustraire l'enfant, et
pour continuer de le nourrir, s'il n'est pas en état
de digérer des alimens plus solides que le lait, il
faut avoir recours à une nouvelle nourrice ou à l'allaitement artificiel.

Cet avis s'adresse surtout aux gens du peuple, que
le défaut de moyens et de nourrice détermine à ne
donner à leurs enfans, n'eussent-ils que trois ou
quatre mois, des alimens grossiers, tout au plus
admissibles lorsqu'ils ont quelques dents. Ils procu-
rent ainsi à ces foibles créatures, par de mauvaises
digestions habituelles, un chyle grossier et imparfait,
source de diverses maladies, telles que les scrophules,
le carreau, etc.

Pour ne rien laisser à désirer sur cet article, je
rapporterai textuellement ce que dit Underwood dans

_____

(1) Je n'entrerai pas ici dans l'explication des maladies qui s'opposent à l'allaitement naturel ; mais j'invite les mères à prendre
connoissance du 1.er volume de l'excellent traité du code des bonnes
mères, fait par M. Jacques-André Millot, et principalement le
chapitre de l'allaitement artificiel et celui de l'allaitement mercenaire, imprimé en 1809.

une note, page 428 de son traité sur les maladies des enfans : « Mais si la mère ne peut nourrir, » quel parti prendre? Il faut une nourrice ou du » lait des animaux, ou préparer un aliment plus » convenable à l'âge de l'enfant.

» M. Armstrong n'ose pas conseiller de prendre une » nourrice étrangère; M. Hamilton en préfère le lait à » celui des animaux, mais il voit tant d'inconvéniens à » proposer une femme quelconque pour nourrice, » qu'il n'ose hasarder de le faire, si, par une nour- » riture précédente, elle n'a pas donné toutes les » preuves de salubrité et d'attention très-vigilante à » tous les soins qu'exige un enfant ; ceci étant si » difficile à rencontrer, M. Baldini préfère, sans » balancer, le lait des animaux : ses raisons sont » péremptoires. » M. Villebrune est de son avis.

Le danger de livrer des enfans, à des nourrices détermina M. Armstrong à nourrir ses enfans à la main, son épouse ayant inutilement tenté par trois reprises d'allaiter elle-même, etc.

Le premier héritage que l'enfant reçoit de la part du père et de la mère est une bonne ou mauvaise constitution; celle-ci peut encore être compliquée d'un vice capital héréditaire ; ajoutez à cet état dé- plorable les vices qu'une nourrice peut de son côté transmettre à son nourrisson ; je n'ai pu songer sans frémir au malheureux sort de ces êtres destinés à nous succéder ; quel est l'homme sensible et ami de l'humanité qui ne mettra pas toute son application à leur procurer une meilleure existence ?

D'après tous ses motifs, il doit paroître plus sa- lutaire de nourrir les enfans à la main que de les livrer à une nourrice, au risque de leur nuire par un mauvais choix.

Il n'importe à personne plus qu'aux directrices des hospices des enfans trouvés, d'être instruit d'un bon procédé pour l'allaitement artificiel ; mais malheureusement il existe dans ces lieux des pratiques routinières, que l'autorité supérieure seule peut espérer d'extirper. (1)

Frappé de l'énorme mortalité de ces malheureuses victimes, dont la presque totalité périt dans ces hospices faute d'un bon procédé pour l'allaitement, j'ai cru devoir transmettre ma méthode au public.

Pour prouver ce que j'avance, je me suis procuré les relevés des états d'exposition des enfans trouvés et de ceux décédés dans l'intérieur des hospices et à la campagne dans les départemens de la Gironde, Haute-Garonne et Lot-et-Garonne pendant les années 1810, 1811 et 1812.

		Exposés.	Décédés.
Gironde an. . .	1810	792	340.
	1811	879	566.
	1812	834	483.
		2505	1389.
Haute-Garonne.	1810	365	160.
	1811	353	188.
	1812	369	200.
		1087	548.
Lot-et-Garonne.	1810	283	204.
	1811	291	217.
	1812	271	225.
		845	646.

(1) Voyez la note de Ballexsert, sur l'éducation physique des enfans, édition de Paris, page 86.

J'avance, sans craindre de me tromper, que si
le gouvernement faisoit adopter et mettre en pratique mes deux nouvelles méthodes, bientôt ces lieux
de dépôt cesseroient d'être le tombeau des enfans
qu'on y apporte.

*Des instrumens dont on s'est servi jusqu'à ce jour
pour nourrir les enfans à la main, et de leur
manière d'agir.*

Ces instrumens doivent être divisés en deux
classes.

La première comprend tous ceux qui portent le
lait dans la bouche de l'enfant de manière que celui-ci
n'ait qu'à avaler, sans exercer la succion. Tels sont
les biberons sans garniture, la cuiller, le cornet ou
tasse oblongue, le gobelet, etc.

La deuxième classe comprend tous ceux qui exi-
gent de la part de l'enfant l'action de la succion
pour se procurer le lait, tels que les biberons
garnis, le pot du docteur Smith, la fiole ou taupette.

Pour apprécier le mérite et l'utilité des instrumens
compris dans ces deux classes, destinés à exécuter
l'allaitement artificiel, un bon jugement suffit, en
observant le mécanisme par lequel l'enfant suce et
retire le lait du sein de la nourrice. Toute méthode
qui s'éloignera de ce mécanisme sera vicieuse ou
imparfaite, parce qu'elle s'écartera trop de la nature.

Le plaisir que la nature procure à la nourrice dans
l'acte de l'allaitement et qui s'excite à l'approche de
l'enfant ou par l'impression de la succion, détermine

l'érection du mamelon et consécutivement l'action
excrétoire des glandes lactifères ; le lait éjaculé dans
la bouche de l'enfant y afflue en abondance ; l'enfant,
à son tour, éprouve par le mouvement de succion
qu'exécutent les muscles destinés à ce mécanisme et
par la sensation que lui procure cette impression,
l'orgasme des glandes salivaires ; la salive coule en
d'autant plus grande quantité qu'elle est plus impor-
tante pour la digestion, dont elle est le principal
agent.

D'après ce court exposé, on doit bannir du nombre
des instrumens indiqués pour servir à l'allaitement
artificiel, tous ceux qui font partie de la première
classe comme imparfaits, et ne favorisant pas assez
l'acte de la digestion. On doit en être convaincu pour
peu que l'on connoisse ce que la physiologie nous
apprend sur cette fonction. (1)

Tout le monde conviendra qu'en faisant prendre
le lait aux enfans avec les instrumens ci-dessus, les
muscles qui servent à la mastication restent dans
l'inaction ; par conséquent, point d'écoulement de
salive, et la bouche de l'enfant ne fait que la fonction d'un entonnoir à l'égard de l'estomac ; le lait
parvient dans ce dernier organe sans subir aucun
changement dans la bouche, de même que lorsqu'on
avale du bouillon, du vin ou autre liquide.

Enfin, de cette manière l'enfant, n'ayant que la

---

(1) Voyez les avis salutaires sur les traités des maladies d'Underwood, pag. 435 et 438, édition de 1786, traduit par M. de
Villebrune.

Voyez encore M. Baudelocque sur le principe des accouchemens
en faveur des sages-femmes, 3.e édition, pag. 301.

peine d'avaler, peut se charger de trop de nourriture.

Quant aux instrumens de la deuxième classe, il importe de les examiner en détail ; d'abord le biberon adopté par M. Rosen, (1) quoiqu'il se rapproche un peu par son mécanisme des vues de la nature, est rempli d'imperfections. Garni d'un mamelon de vache chamoisé, ou d'une peau fine percée de plusieurs trous à son extrémité, qui correspond au tuyau, il a l'inconvénient, par sa malpropreté, de rebuter l'enfant. Si les trous sont grands, il agit comme les biberons non garnis et autres instrumens que nous avons rejetés. Les parois du mamelon rapprochées par l'action des lèvres, le passage et l'écoulement du lait sont interceptés ; ajoutez à tout cela l'impossibilité de faire couler le lait dans la bouche de l'enfant, à volonté. Cet instrument doit donc être rejeté.

M. Smith, considérant que tous les instrumens inventés jusqu'à lui étoient incommodes et imparfaits, en imagina un, auquel il donna le nom de pot, et qu'il inventa autant pour plaire à l'enfant que pour le nourrir (2) ; je lui rendrai la justice de dire que le mécanisme de cet instrument se rapproche aussi un peu de la nature. Il est fabriqué en forme de cornue à long col, terminé en forme d'olive ou de mamelon percillé de trous ; on le couvre d'un vélin ou parchemin pareillement percé et attaché sur le bout du col de manière à flotter ; il a un bout plus supportable que le biberon. D'après son rapport, les

---

(1) Traité des maladies des enfans, par M. Rosen, traduit par Villebrune, pag. 4.
(2) Voyez Underwood, pag. 435.

enfans prennent le lait avec plaisir à l'aide de cet
instrument, presque aussi bien qu'au sein d'une nourrice, mais il a le même défaut que le biberon
garni.

La fiole ou taupette, usitée dans nos contrées pour
l'allaitement artificiel des enfans trouvés, est disposée
ainsi qu'il suit : après avoir rempli le vase de lait,
on introduit dans son goulot un morceau d'éponge
à nu et sans l'attacher ; une partie de cette éponge
reste dehors ; pour s'en servir on met dans la bouche
de l'enfant la portion de l'éponge qui est hors du
goulot, on soulève plus ou moins le fond de la bouteille pour faire couler le lait vers l'éponge et l'im-
biber ; l'enfant retire le lait par succion. Ce procédé
imite l'allaitement naturel ; mais, en l'examinant,
on apercevra de grands défauts ; d'abord l'éponge,
quoique bien lavée, doit rebuter l'enfant. Si celui-
ci est fort, vigoureux et affamé, il peut, si la remueuse n'y prend garde, l'extraire du col de l'instrument et l'avaler ; d'un autre côté, l'éponge fermant
trop exactement le goulot de la bouteille, empêche
que l'air extérieur, dont l'entrée est nécessaire pour
remplacer le lait qui se consomme et aider le reste
à sortir, ne s'introduise dans le vase, de sorte que
l'enfant, quelque fort qu'il soit, et moins encore
s'il est foible, ne pourra faire couler le lait, l'éponge
étant trop comprimée pour permettre le passage du
liquide ; le même inconvénient aura lieu si les lèvres
s'appliquent trop sur l'ouverture : l'enfant est donc
réduit à périr de faim.

Si l'éponge est trop lâche dans le goulot de la
fiole, le lait coule trop abondamment et de la même

manière qu'il coule d'une tasse ou d'un verre, etc. ;
et si l'enfant est foible, la trop grande rapidité avec
laquelle le lait se précipite vers le gosier peut oc-
casionner la suffocation. Ayant bien observé et bien
réfléchi sur ce mécanisme de la fiole, j'ai dû la re-
jeter, convaincu qu'avec de pareils procédés on ne
peut obtenir du succès ; il en résulte d'ailleurs l'inconvénient que le lait rejaillissant ou se répandant
sur l'enfant ou sur ses vêtemens, on l'entretient dans
la malpropreté.

Le meilleur de tous les procédés parvenus à ma
connoissance est sans contredit celui de M. Baudelocque qui me paroît le plus approcher de la per-
fection. La disposition de la fiole, dont l'éponge est
recouverte d'un linge ; les raisons physiologiques
dont il s'appuie pour modifier ainsi cet instrument,
décèlent son industrie et ses connoissances des lois
de l'économie animale. Malgré ce degré de perfec-
tion, qu'il me soit permis, sans manquer aux égards
et à la reconnoissance que je dois à mon maître (1),
de dire que sa méthode renferme les mêmes vices
que la précédente, employée par routine.

M. Baldini a donné un traité sur l'allaitement
artificiel. Pour remplir cet objet, il a imaginé et

---

(1) Je me félicite et me fais honneur d'avoir été l'élève du célèbre
Baudelocque. Je ne puis prononcer son nom qu'avec la plus grande
vénération, et je ne puis laisser échapper cette occasion de lui
témoigner ma gratitude et ma reconnoissance pour les bons principes que j'ai reçus de lui dans l'art des accouchemens ; mais sans
manquer aux égards que réclament son génie et son mérite, je ne
dois pas craindre qu'on désapprouve la préférence que je donne à
mon instrument sur le sien. Je ne doute pas qu'il ne l'approuvât
lui-même, s'il existoit encore.

fait fabriquer une bouteille, à l'extrémité de laquelle il adapte un mamelon en vis et fait de métal, mais doré afin d'éviter la rouille ou le vert de gris. J'en ai pris connoissance dans le journal des sciences utiles, tom. 3, pag. 90. Cet instrument me paroît trop compliqué, difficile à tenir propre et trop coûteux ; d'ailleurs son mécanisme n'a rien de supérieur. J'en abandonne le jugement aux gens de l'art.

ARTICLE TROISIÈME.

Nouvelle méthode pour l'allaitement artificiel, et manière de s'en servir.

J'ai démontré assez clairement les vices et imperfections des instrumens employés jusques ici pour pratiquer l'allaitement artificiel et les motifs de leur réfutation.

Pour remplir ma promesse, il falloit trouver un procédé dont le mécanisme se rapprochât de celui de la nature sous tous les rapports, et qui fût même plus utile dans plusieurs circonstances ; il falloit le disposer d'ailleurs de manière à pouvoir donner le lait graduellement, suivant l'état des enfans, sans en répandre plus, lorsqu'ils quittent l'instrument, que s'ils quittoient le sein de la nourrice ; il falloit enfin pouvoir en donner en abondance à un enfant fort et vigoureux, et goutte à goutte au contraire à celui à qui la foiblesse ne permet pas de sucer le mamelon d'une nourrice.

Mon procédé se pratique au moyen d'une bouteille, dont on voit la forme dans la 1.re planche, figure 1.re, que j'ai moi-même fait exécuter. Cet instrument se

Pl. 1.

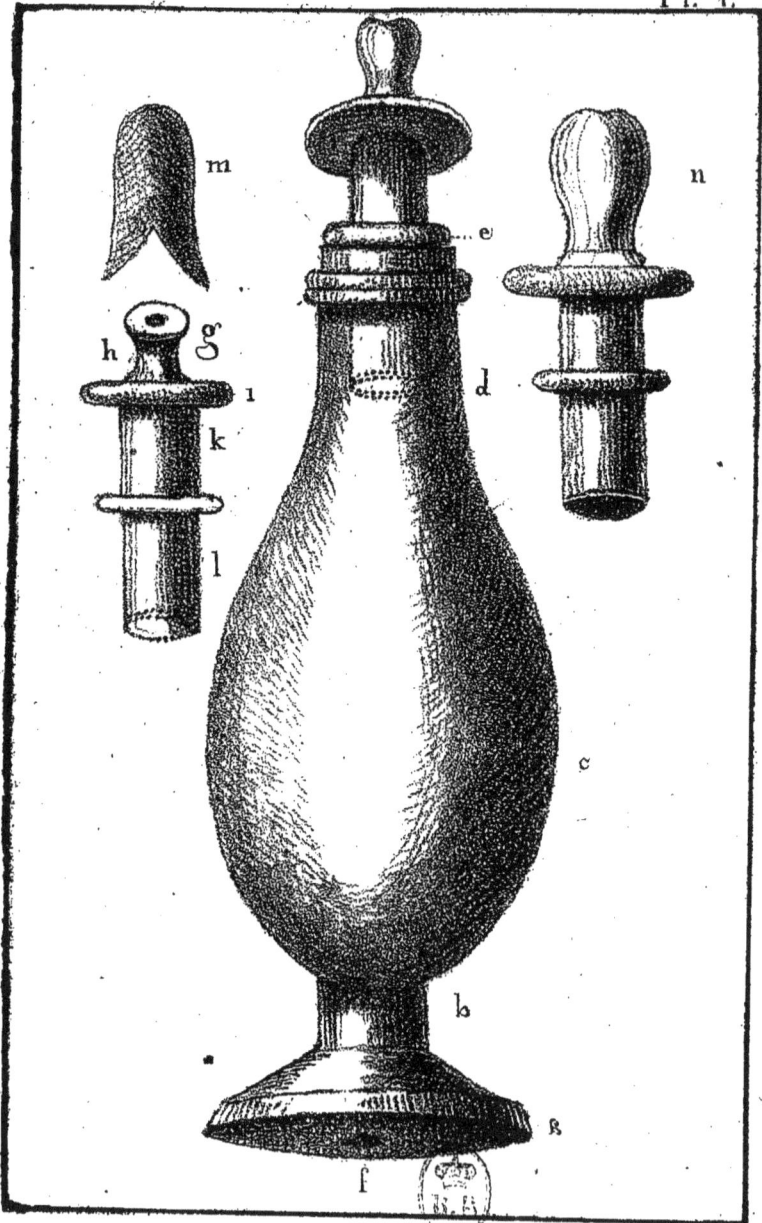

divise en pied, en jambe, en ventre et en col ; le
pied (a) représente un piédestal, comme le gobelet
des francs-maçons, plat ou un peu concave à la face
inférieure et légèrement convexe à la face supérieure,
ayant un diamètre d'environ deux pouces ; la jambe (b)
doit avoir environ neuf lignes de long, et être un
peu moins grosse que le col ; le ventre (c) a une
figure ovoïde, sa capacité ou grosseur plus ou moins
grande doit pouvoir contenir au moins de quatre à
six onces de liquide ; la grosse extrémité de l'ovale
est du côté du pied, et la petite se termine au col ;
le col (d) doit avoir un pouce de long ; l'ouverture
du goulot (e) doit avoir de six à sept lignes de diamètre, ni plus ni moins ; il faut aussi qu'elle ait une
autre ouverture (f) au milieu du piédestal qui ré-
ponde à la jambe et à son corps ; il faut que cette
ouverture soit petite, d'une ligne ou une ligne et
demi de diamètre au plus ; comme cette ouverture
n'est que pour le passage de l'air, qui doit aller
remplacer le lait retiré par la succion, il seroit à
désirer qu'on put la faire plus petite. L'une et l'autre
ouverture seront exactement rondes ; celle du col
passée à l'émeri ; on pourra y ajouter un bouchon
en verre. Pour celle du pied, on pourra la boucher
avec une plume ou fosset en ivoire ou en buis. Cette
bouteille doit être forte, ayant un cercle près de
l'ouverture du col qui la rendra plus solide, fabri-
quée en verre blanc, émerillée au goulot et taillée
au pied.

Pour compléter cet instrument et rendre le mamelon
propre et agréable, j'ai fait construire des tuyaux
de la même matière, figure 2, que je divise en tête,

2

col, lentille, corps et jambe. La tête (g) doit avoir la figure d'un pois légèrement aplati, de quatre lignes de diamètre, percée d'un trou d'une ligne de diamètre; le col (h) doit avoir cinq ou six lignes de long et être assez déprimé pour retenir les fils qui attachent l'éponge et la mousseline dont on doit former le mamelon; la lentille, (i) placée entre le col et le corps, doit avoir un diamètre de douze à quatorze lignes; elle a pour usage d'empêcher que le mamelon ne s'enfonce trop dans la bouche de l'enfant; le corps (k) est séparé de la jambe par un petit cercle, il doit avoir demi pouce de long; la jambe (l) s'étend depuis le petit cercle et termine le tuyau, elle doit avoir un pouce de long et être de la même grosseur que le corps. La jambe doit être émerillée pour bien s'adapter au goulot de la bouteille comme un bouchon à flacon. Tout le tuyau ne doit avoir que deux pouces ou deux pouces et demi de long.

Le mamelon (m) est fait d'éponge fine (on la rendra insipide en la faisant tremper pendant vingt-quatre heures dans une lessive alkaline, en la lavant bien ensuite avec de l'eau fraîche) ; on la coupe de la longueur de trois quarts de pouce; on la taille avec les ciseaux en forme de mamelon et d'un volume semblable au mamelon naturel; on en fend avec les ciseaux de l'étendue d'environ quatre lignes à un bout; on arrondit l'extrémité opposée; on place la tête du tuyau dans la fente de l'éponge, et les deux lambeaux qui résultent de cette fente servent à les fixer au collet du tuyau à l'aide d'un fil; on recouvre ce mamelon artificiel avec de la mousseline claire,

qu'on fixe aussi avec un fil au collet du tuyau. Je
préfère la mousseline au mamelon de vache, à la
peau de mouton ou au parchemin (voyez Baudelocque, pag. 301), comme moins susceptible de
contracter une mauvaise odeur par l'humidité ou de
subir l'altération putride à laquelle on sait que ces
dernières substances sont très-disposées, ce qui ne
manque pas de dégoûter l'enfant.

La bouteille à allaitement ainsi disposée doit recevoir avec juste raison le nom de mamelle artificielle, puisqu'elle est destinée à remplacer la mamelle
naturelle ; dans le cours de mon ouvrage je lui
donnerai indifféremment le nom de bouteille à allaitement ou de mamelle artificielle comme syno-
nymes.

On pourroit construire cet instrument en faïence,
fer-blanc, argent, etc. (voyez Baudelocque, pag. 301,
qui en expose le danger) ; mais indépendamment du
danger que présentent quelques-unes de ces substances, je défie qu'on puisse les tenir bien propres.
D'ailleurs, avec des mamelles opaques, on ne voit
pas la quantité de lait que l'enfant prend. Le verre
est donc préférable à tous égards à cause de sa trans-
parence et de la facilité qu'il y a de le tenir propre,
quoiqu'il soit fragile.

M. Smith regarde son pot comme avantageux par
l'agrément qu'il procure aux enfans, qui s'en amu-
sent ; ce même avantage peut se trouver avec la
mamelle artificielle, qui réunit d'ailleurs tous les
autres avantages ; on n'aura pour cela qu'à l'orner
de quelque chose dont ils puissent se divertir pendant
la succion, comme ils le font ordinairement au sein

d'une nourrice. Entre autres avantages de cette bouteille, on doit considérer celui de pouvoir être pré-
sentée à l'enfant en différens sens, horizontalement
ou perpendiculairement, sans l'arroser d'une seule
goutte de lait. J'ai cru tous ces détails nécessaires
pour ne rien laisser à désirer sur cet objet.

Il paroît nécessaire de dire ici quelque chose du
sentiment des physiologistes modernes, qui disent que
le sang et le lait sont une humeur vivante, qui a déjà
parcouru l'économie animale de la mère, et qui est
nécessaire au développement de l'enfant.

Le lait contient une vapeur animale très-précieuse,
qui se transmet facilement sans perdre de son énergie,
lorsque l'enfant reçoit le lait du sein de la nourrice.
La mamelle artificielle étant le seul instrument capable d'empêcher, autant que possible, l'évaporation
des principes constitutifs et bienfaisans du lait, mérite par cette raison la préférence sur tous les autres
instrumens à qui cet avantage manque, ainsi que
d'autres conditions essentielles.

Il me reste à démontrer la manière de se servir de
la mamelle artificielle. Le mécanisme en est si facile,
que la personne la moins instruite saura la mettre
en usage : pour cela, il s'agit de fermer l'ouverture
du pied (*f*) de la mamelle avec une plume ou fosset;
puis on y introduit le liquide approprié, au degré de
chaleur naturelle; on adapte ensuite au goulot de la
bouteille le tuyau en verre garni du mamelon, comme
on l'a dit précédemment.

La mamelle ainsi préparée et garnie, on en saisit la
jambe entre le doigt indicateur et celui du milieu, de
l'une ou de l'autre main; on ôte le bouchon de l'ouverture

du pied ; au même instant on y applique le pouce, qui
remplace le fosset et empêche le liquide de couler.
Dans cet état on la présente à l'enfant dans un plan
incliné, le goulot étant plus bas que le fond ; on lui
met le mamelon dans la bouche ; dès qu'il l'a bien
saisi entre les lèvres et qu'il commence à sucer, on
lève le pouce qui ferme l'ouverture du pied, afin que
le liquide coule ; lorsqu'on s'aperçoit que le lait coule
avec trop d'abondance dans la bouche de l'enfant, et
pour qu'il n'ait que la peine d'avaler, on remet le
pouce sur l'ouverture pour l'arrêter ; au moyen de ce
doigt appliqué et levé à propos, on fera couler le
lait vîte, lentement, ou goutte à goutte ; on évitera
avec soin de laisser trop remplir la bouche de l'enfant ; il faut que le lait soit attiré par la succion.

Pour que ce mode d'allaitement soit salutaire et le
plus conforme possible à la nature, il est nécessaire
que la succion ait lieu, et que le lait coule lentement ; par ce moyen les muscles qui servent à la
mastication agiront, feront couler la salive, ce dernier liquide se mêlera au lait : il doit être considéré
comme très-utile à la digestion, ainsi qu'on l'a dit
ailleurs. Cette action musculaire étant nécessaire à
son exercice, en facilitant l'écoulement et le mélange
de la salive avec le lait, et ralentissant l'écoulement
du fluide nutritif, empêche que l'enfant, par une
déglutition trop facile et trop prompte, ne se gorge
d'une trop grande quantité d'alimens, d'où résultent
de mauvaises digestions, des diarrhées, des coliques,
le carreau, etc. ; le contraire aura lieu en observant
attentivement la marche prescrite.

Si l'enfant est foible, au point de n'avaler que difficilement, on doit ne faire tomber le lait dans la bouche que goutte à goutte, lui en donner souvent, peu à la fois, jusques à ce qu'il ait repris des forces suffisantes.

La mamelle artificielle, aisée à transporter, suivra l'enfant par-tout où l'on trouvera à propos de le transporter, soit pour le récréer et lui faire prendre l'air, soit pour tout autre motif, et pour cela la remueuse s'en pourvoira ; elle la remplira de lait et aura soin de la tenir sous ses vêtemens ou dans la poche, le plus près possible du corps, afin de donner à ce liquide le degré de chaleur convenable : l'enfant recevra ainsi sa nourriture lorsqu'il en aura besoin, ou qu'on en reconnoîtra la nécessité.

Il ne sera pas moins facile d'en user pendant la nuit, ou à l'obscurité; la personne chargée des soins de l'enfant garnira, avant de se coucher, l'instrument et le bouchera bien. Au moment d'en user, elle le tiendra quelques instans assez près de son corps, afin de donner au lait le degré de chaleur requis, et afin qu'il soit tel qu'il doit être, pour être salutaire à l'enfant. Un peu d'habitude suffira pour ôter, quoique dans l'obscurité, le bouchon, mettre en place le mamelon, le présenter à l'enfant. Une main suffit pour tenir la mamelle, l'autre sert de conducteur : on aura seulement l'attention de donner le lait plus lentement, pour éviter plus sûrement de gorger l'enfant.

Je crois avoir suffisamment fait comprendre la manière d'user de la mamelle artificielle; et quand j'aurois omis quelque chose, on pourroit y suppléer avec un peu d'intelligence.

ARTICLE QUATRIÈME.

Quel lait doit-on donner à un enfant nouveau-né?

Pour traiter convenablement cet article, il faut étudier et imiter la nature. Le premier lait que donne une nouvelle accouchée n'est qu'une sérosité ou petit-lait, que les auteurs appellent *colostrum;* liquide qui a la propriété de purger les enfans nouveaux-nés, pour faire évacuer le *méconium.* Cette sage prévoyance de la nature a été reconnue par la majeure partie des auteurs.

Pour suppléer au *colostrum*, on donne aux enfans nouveaux-nés, dans les premières vingt-quatre heures, de l'eau sucrée ou miellée, au moyen de la mamelle artificielle, à la dose de deux ou trois cuillerées à la fois, chaque deux ou trois heures. M. Rosen dit : « Qu'un enfant doit lâcher ses excrémens trois ou quatre » fois par jour, dans les deux ou trois premiers jours, » afin que le *méconium* soit bien évacué ; après quoi » il suffit de deux selles par jour. » Page 24.

Si l'enfant ne rend pas le *méconium* dans les premières vingt-quatre heures, au moyen de l'eau sucrée, il faut lui donner un léger laxatif. Rosen conseille une cuillerée à café d'électuaire de manne, donné de trois en trois heures, jusqu'à ce qu'il ait produit son effet. Underwood donne quelques cuillerées à café de sirop solutif de roses avec l'eau de gruau. MM. Villebrune et Millot donnent la préférence au sirop de chicorée (composé de demi-once de sirop mêlé à deux cuillerées d'eau tiède), qu'il faut administrer en quatre doses, de trois en trois heures. Il

sera ainsi suffisamment purgé, aidant cela d'un lave-
ment d'eau de savon très-légère, s'il le faut.

Après avoir pourvu à l'évacuation du *méconium*
et écarté le danger que sa rétention pourroit causer,
il faut alimenter l'enfant suivant son âge et ses forces.

De tous les temps le lait a été reconnu pour la
nourriture la plus appropriée à l'enfant nouveau-né ;
c'est un chyle presque formé, qui n'exige que très-
peu d'action digestive de la part des organes qui
doivent l'élaborer ; et il passe de là successivement
dans les voies de la circulation et aboutit à la nutrition. Voyez Underwood, pag. 427-431.

Dans l'allaitement naturel, lorsqu'une mère ne
nourrit pas son enfant, on prend toutes les précautions possibles pour le choix d'une nourrice : eh !
pourquoi ne prend-on pas les mêmes précautions
pour le choix du lait des animaux, qui devra servir
à l'allaitement artificiel? En général, il faut préférer
le plus léger et le plus conforme à celui de la mère.

En consultant les auteurs expérimentés, nous trou-
vons qu'ils regardent le lait d'ânesse comme le plus
convenable au nouveau-né, après celui de la mère :
eh ! pourquoi n'adopteroit-on pas celui-là pour la
nourriture entière ? Voyez le dernier auteur cité,
page 432. Baudelocque, page 299, dit : « Si l'on a
» prescrit quelquefois celui d'ânesse , c'étoit plutôt
» comme médicament que comme aliment» ; et il finit
par dire : « quoique, d'ailleurs, il soit propre à cet
» effet. »

Après le lait d'ânesse on choisira celui de chèvre,
comme plus léger que celui de vache. Ainsi, pour
l'allaitement artificiel, le lait d'ânesse tiendra le pre-

mier rang, celui de chèvre le second, et celui de
vache le troisième.

Le choix de l'animal qui doit fournir le lait, devant
avoir lieu entre l'ânesse, la chèvre et la vache, il
faut encore, parmi ces trois espèces, choisir l'animal
d'une belle taille, bien portant; que le lait n'ait que
de 20 à 3o jours, pour un enfant nouveau-né. Le
défaut de succès dans l'allaitement artificiel provient
de l'ancienneté du lait ou du mauvais nourrissage des
animaux. Pour appuyer ce que j'avance, je rapporte
un passage du respectable Baudelocque, pour le choix
du lait, page 3oo: « Comme le lait des animaux ne
» présente pas moins de différence spécifique que celui
» des femmes, il faut préférer le plus léger et le plus
» nouveau, choisir l'animal d'un âge moyen, et le
» faire nourrir dans les pâturages ou en pleine cam-
» pagne : le lait des animaux qu'on tient à l'étable
» étant toujours plus épais et moins parfait. Si on ne
» peut tirer le lait toutes les fois que l'enfant en a
» besoin, il faut au moins s'en procurer plusieurs
» fois le jour, parce qu'il s'altère et se décompose
» promptement, surtout dans les grandes chaleurs de
» l'été. La précaution de le faire bouillir pour le
» conserver, comme cela se pratique dans les villes
» où l'on ne peut à chaque instant s'en procurer du
» nouveau, nous paroît inutile et même mauvaise;
» il vaut mieux le tenir dans un lieu frais et sain. »

Il y a des circonstances où l'état de l'enfant exige
un lait épais et très-nourrissant; d'autrefois il le faut
séreux, léger et dépouillé. Pour l'obtenir tel qu'on
le désirera, M. Millot conseille, dans le premier cas,
c'est-à-dire, pour un lait consistant et riche en prin-

cipes, de ne laisser sortir l'animal de l'étable qu'après
lui avoir fait manger du foin de bonne qualité et une
bonne ration de son de froment, auquel on aura mêlé
une poignée de sel égrugé; il faut lui en donner autant
le soir quand il revient du pâturage ; il faut aussi
renouveler souvent sa litière. Dans le second cas,
c'est-à-dire, pour obtenir un lait clair et séreux,
l'animal sera nourri avec du fourrage vert, tel que
choux, raves, du son de seigle, etc.

Le lait étant choisi, on l'administrera à l'enfant,
en observant les gradations suivantes, tant pour la
préparation que pour les doses à donner, et l'intervalle qu'il faut mettre entre les différentes prises.

L'enfant n'ayant pris que de l'eau sucrée pendant
les premières vingt-quatre heures, le second jour,
en supposant qu'on ait recours au lait de vache, on
mêlera un tiers de lait cru (autant qu'il sera possible,
le lait sera trait au moment d'en user) avec deux tiers
d'eau de rivière, tiède et un peu sucrée, ou l'eau de
fontaine, de puits, si on ne peut avoir la première :
au lieu d'eau pure, on peut se servir d'une très-
légère eau de pain, préférable surtout à l'eau de
puits.

Le mélange du lait et de l'eau ne doit se faire,
autant qu'il sera possible, qu'au moment où on devra
l'administrer à l'enfant, et pas plus chaud que lorsqu'il sort du pis ou tétine de l'animal. On suivra cette
règle pendant tout le temps de l'allaitement.

Le troisième jour et le reste de la semaine, on
mêlera le lait et l'eau par moitié;

La seconde semaine, deux tiers de lait et un d'eau;

La troisième semaine, trois quarts de lait et un quart d'eau ;

La quatrième semaine, un sixième d'eau et le reste de lait;

Les cinquième et sixième semaines, on passera insensiblement au lait entier, suivant la vigueur de l'enfant; si le lait est jeune, on l'employera plutôt tout entier.

Obs. Si on emploie le lait de chèvre, on y mêlera à-peu-près une moitié moins d'eau qu'au lait de vache. Cette proportion sera réduite à beaucoup moins que le lait d'ânesse; un quart tout au plus de ce que nous avons prescrit pour le lait de vache.

On suivra pour règle de chauffer le lait au bain-marie, dans des vaisseaux clos, et de n'en faire chauffer, chaque fois, que la dose nécessaire pour chaque repas; s'il en reste, on doit le jeter.

Le lait, une fois chauffé, en se refroidissant s'aigrit de suite : le lait aigre seroit très-nuisible à l'enfant, ne le nourriroit pas, lui donneroit la colique, la diarrhée, etc.

Je place ici la recommandation que font tous les auteurs, de tenir tout ce qui sert à l'allaitement bien propre; pour cela, sitôt que l'enfant a tété, il faut bien rincer la mamelle artificielle avec de l'eau fraîche, ainsi que le mamelon : on fera même bien de les laisser dans l'eau jusqu'à ce qu'on s'en serve de nouveau ; c'est le moyen de les avoir toujours propres.

La dose du lait préparé, que l'enfant doit recevoir dans la première semaine, sera de trois à quatre cuillerées à bouche (la cuillerée est supposée de demi-once), de trois en trois heures (1) ; à proportion que l'enfant grandira et prendra des forces, on pourra éloigner les prises et les augmenter, les porter même par gradation jusqu'à huit cuillerées ou quatre onces. Alors, quatre ou cinq prises dans le jour et une dans la nuit suffisent : on n'éveillera jamais les enfans dans la nuit pour leur donner de la nourriture.

La pratique a prouvé qu'il est facile de régler les enfans, malgré l'opinion contraire de plusieurs auteurs : il suffit qu'ils prennent chaque trois heures ; encore vaudroit-il mieux le faire plus rarement, et mettre quatre heures d'intervalle entre chaque prise de lait ; la digestion sera plus parfaite et le service moins pénible.

On doit régler les enfans jusqu'à un certain point, c'est-à-dire, ne pas les gorger toutes les fois qu'ils s'inquiètent ou pleurent. La faim et la soif ne les tourmentent pas autant que les indigestions et la colique ; dérangemens qui proviennent ordinairement d'une trop grande quantité de nourriture ; cela peut dépendre aussi de la gêne où les tient le maillot.

On reconnoît facilement si l'inquiétude provient de la faim ou de la maladie ; dans le premier cas, si on lui met le bout du doigt bien propre dans la bouche, qu'il le suce comme s'il vouloit téter, et s'il sourit à l'aspect de la mamelle articielle, qu'il la suive des yeux en poussant des cris de convoitise jusqu'à ce qu'il en jouisse, c'est la faim qui le presse ; dans

_____

(1) Voyez Villebrune dans Rosen, pag. 4, et Baudelocque, page 3o3, qui disent que cette dose est suffisante, pour bien que les enfans soient affamés.

le cas de maladie, l'inquiétude augmente à l'appro-
-che de sa nourriture ordinaire ; ce moyen, au lieu
de le consoler, paroît l'aigrir au contraire : on doit
donc en rechercher la cause pour y remédier.

Il est nécessaire que les personnes ou les remueuses
attachées au service des enfans, sachent distinguer
les bonnes digestions d'avec les mauvaises, et qu'elles
soient instruites de quelques moyens de remédier à
ces dernières, ainsi qu'aux indispositions légères.

Pour les premières notions, je rapporte un passage
de l'ouvrage cité de M. Baudelocque, page 303 :

« Le lait se digère bien quand l'enfant va deux ou
» trois fois à la selle dans les vingt-quatre heures ;
» lorsque ses matières sont liquides, jaunâtres, et
» liées comme des œufs brouillés. Les digestions sont
» mauvaises quand il évacue plus fréquemment ; quand
» ses matières sont séreuses, fétides, et chargées de
» beaucoup de pelotons blanchâtres, semblables à du
» fromage ; lorsqu'elles sont épaisses, grisâtres ou
» blanchâtres, et en même temps grasses comme de
» la terre argileuse. On doit tirer les mêmes induc-
» tions du lait caillé et d'une odeur aigre, que l'en-
» fant rejette souvent par le vomissement, ainsi que
» des matières verdâtres et porracées qu'il rend par
» les selles. »

Si l'enfant vient à être constipé, on coupera le
lait avec une décoction de gruau ou d'avoine, un peu
sucrée ; on pourra même donner quelques lavemens
émolliens, secondés, s'il le faut, par le suppositoire
de savon. Si la constipation résiste à ces moyens, on
fera fondre une once de manne dans trois ou quatre
cuillerées d'infusion de chicorée amère, qu'on fera

prendre dans l'espace de deux heures en plusieurs reprises. Ce purgatif est simple et sans danger ; pendant l'action du purgatif, on suspendra l'usage du lait, et on le secondera par la boisson d'eau sucrée ou petit lait factice.

Si, au contraire, l'enfant a la diarrhée, on coupera le lait avec une décoction d'orge perlé, ou avec la seconde eau d'orge ordinaire : on fera mieux encore de préparer une décoction de pain, croûte et mie, rassis, et bien cuit pendant quelques minutes pour lui ôter la qualité acescente ; on jetera cette première eau, et on le fera bouillir de nouveau pendant peu d'instans ; on passera pour s'en servir de la même manière que des autres liquides mentionnés.

Ces moyens conviennent surtout aux enfans les plus récemment nés : leur effet sera bien secondé par des lavemens préparés avec la mie de pain ou de son de blé, dans lesquels on délayera un jaune d'œuf. Si on s'aperçoit qu'il y a tenesme, on ajoutera à ces substances une tête de pavot, pour rendre les lavemens plus calmans et plus anodins.

Lorsque l'enfant ne rendra par les selles que des matières séreuses, mal digérées et d'une odeur aigre ; si son haleine exhale aussi fortement l'odeur de l'acide laiteux, on lui fera prendre plusieurs fois, dans la journée, quelques grains de magnésie blanche, délayée dans une infusion de camomille, ou d'une infusion légère de rhubarbe un peu sucrée. On peut porter la dose de la magnésie dans vingt-quatre heures, à 24 grains en trois ou quatre reprises.

Lorsque les déjections sont verdâtres, porracées et fréquentes, on coupe le lait avec de l'eau de riz,

et l'on insiste de plus en plus sur les remèdes ci-
dessus. Pour peu que la maladie persiste , il sera
prudent de recourir à un homme de l'art.

Lorsque les enfans sont fatigués par des vomissemens laiteux, on doit suivre cette indication en donnant un ou deux grains d'ipécacuanha ou demi-once
de sirop de la même plante qu'on donnera par cuillerée à café, secondant son effet par une infusion
de camomille. Si cela ne suffit pas pour dissiper l'embarras gastrique, on fera succéder au vomitif demi-
once de sirop de chicorée composé.

Dans le cas de foiblesse des organes digestifs , on
usera d'une infusion légère et faite à froid de rhubarbe
et de baies de genièvre dans de l'eau de rivière : ce
petit moyen fortifie, purge légèrement, et fait couler
les glaires.

Si un enfant est tourmenté par de légères coliques
ou par des flatuosités , on lui donnera la boisson sui-
vante : faites bouillir un peu de mie de pain avec
quelques grains de baies de genièvre et une pincée
de fleurs de camomille romaine ou de semence de
fenouil , ajoutez-y un peu de sucre : vous en don-
nerez par cuillerées. On aura l'attention de donner
cette boisson et toutes celles qui viennent d'être pro-
posées à titre de remède, seules et sans les mêler avec
le lait.

Les enfans sont très-sujets à de fortes coliques com-
pliquées d'irritation du tube intestinal. Pour calmer
cet état et prévenir les convulsions , mêlez deux onces
de sirop de coquelicot et autant d'infusion de fleurs
de camomille romaine , donnez chaque heure trois
ou quatre cuillerées à café de ce mélange ; aidez l'effet

de ce remède par des lavemens tels qu'on vient de les proposer.

Lorsque la digestion du lait se fera mal, n'importe à quel âge, lorsqu'il y aura de la fièvre, des diarrhées, des coliques, etc., il sera prudent et même indispensable de suspendre l'usage du lait, et de substanter l'enfant par préférence avec des bouillies claires, comme il en sera fait mention ci-après. On reviendra à la nourriture laiteuse lorsqu'on aura remédié à ces désordres.

Les enfans nouveaux-nés sont souvent affectés d'aphthes ; la plupart du temps cela dépend de ce qu'on n'a pas soin de leur tenir la bouche propre ; souvent aussi par l'effet d'un lait trop vieux ou aigre, ou l'un et l'autre ensemble. Pour prévenir ou guérir cette affection, prenez une poignée de sauge, une once de miel commun ; mettez dans un vaisseau, versez-y dessus une verrée de vin et autant d'eau qu'on aura mêlé et fait bouillir ; laissez infuser pendant deux ou trois heures, passez et gardez pour le besoin dans une bouteille. On peut remplacer le miel commun par le miel rosat.

Pour user de ce remède, la remueuse s'enveloppera le doigt indicateur avec un linge, elle le trempera dans ledit remède, et elle le promènera dans la bouche de l'enfant, surtout là où elle verra des taches blanches ; on réitérera cette opération deux ou trois fois par jour, mais avec douceur.

Le miel rosat mêlé à l'acide vitriolique a été très-vanté ; on l'emploie de la même manière que le remède précédent.

Pour peu que cette maladie paroisse grave, com-

pliquée ou entretenue par quelque vice, il sera prudent d'avoir recours à un médecin ou à un chirurgien.

L'expérience prouve que le lait est suffisant pour
la nourriture des enfans jusqu'à l'âge de six à sept
mois et même au-delà, surtout lorsqu'ils sont ali-
mentés par une bonne nourrice, ou par une remueuse
intelligente et expérimentée dans l'allaitement artificiel ; alors les organes digestifs étant devenus plus
forts, on doit ajouter au lait quelque substance nour-
ricière plus consistante, dont on augmentera graduellement la quantité jusques au sevrage. De cette manière, l'enfant s'accoutumera insensiblement à une
nourriture différente du lait, et il passera de l'allaitement au sevrage sans s'en ressentir.

L'aliment qui conviendra d'abord à cette époque,
sera une bouillie légère ; on la rendra plus épaisse
et plus forte à proportion de l'accroissement de l'âge
et des forces.

On préparera ces bouillies avec des substances qui
aient fermenté avant la cuisson, telles que le pain de
froment bien cuit et rassis. Cette bouillie est la plus
aisée à digérer ; les enfans s'en accommodent bien et
n'en éprouvent pas les accidens qui résultent des autres alimens non fermentés, comme nous allons le
dire.

La plupart des auteurs ont préconisé des bouillies
faites avec des graines céréales, telles que l'orge,
le gruau, le riz, la farine de froment torrifiée, les
fécules de pomme de terre, cuites dans l'eau seule
ou mêlées avec du lait. Il faut observer que ces substances n'ayant point fermenté avant d'être mises en
bouillie, sont par cette raison indigestes, et surtout

3

lorsqu'on y mêle du lait qu'on fait bouillir. Ces alimens introduits dans l'estomac y subissent la fermen-
tation qui auroit dû se faire auparavant : il en résulte
un chyle acide, glutineux, peu propre à nourrir
l'enfant, produisant de mauvaises digestions, et par
suite la colique, la diarrhée, les engorgemens glan-
duleux, le carreau ; les enfans deviennent pâles,
bouffis, tombent dans le relâchement ; plusieurs tombent dans le marasme et périssent par le seul défaut
de bonne nourriture. Cela s'observe surtout dans les
campagnes et parmi les gens du peuple, qui, sous
prétexte que les mères manquent de lait, substituent
de la soupe ou toute autre nourriture encore plus
mauvaise. Cette pratique cause la mort à un grand
nombre d'enfans.

Pour préparer convenablement la bouillie proposée
plus haut, on prendra deux onces et demie de pain
de pur froment bien cuit et rassis, coupé à petits
morceaux ; on le fera bouillir dans une pinte d'eau
qu'on réduira presque à moitié ; on la passera à tra-
vers une étamine, on la sucrera suffisamment. Les
gens riches pourront animaliser cette bouillie en y
ajoutant deux gros de sucre de lait : cette addition
de sucre de lait rend l'aliment plus miscible aux humeurs de l'enfant, la digestion en sera plus facile et
plus complette ; on peut aussi l'aromatiser légèrement
en y faisant bouillir un peu d'écorce de citron. Les
gens non aisés, au lieu de sucre, ajouteront un peu
de sel ; on pourra même y faire entrer un petit
morceau de réglisse qu'on y ajouteroit au dernier
bouillon.

On commencera l'usage de cette bouillie du 5.ᵉ

au 7.ᵉ mois; on en délayera une ou deux cuillerées
à café dans une prise de lait, qu'on fait chauffer au
bain marie : on la fera prendre à l'enfant par le secours
de la mamelle artificielle, qu'on garnira, à cet effet,
du tuyau à mamelon (*Voyez* planche 1.ʳᵉ, figure *n*) ;
le tuyau garni d'éponge ne convient pas pour donner
de la bouillie. On en donnera une prise le matin,
l'autre le soir ; à mesure que l'enfant grandira et
prendra des forces, on lui en accordera une autre
prise à midi.

Dans le cas où le lait manqueroit, cette bouillie
y suppléera momentanément en en donnant autant
que si on y avoit mêlé du lait.

Lorsque l'enfant sera parvenu à l'âge de 8 à 9
mois, on fera la bouillie ci-dessus plus épaisse en
mettant un peu plus de pain pour la même quantité
de liquide ; on aura soin de la bien exprimer après
la coction ; on l'édulcorera de même avec du sucre ;
on pourra l'aromatiser avec de l'eau de fleurs d'oran-
gers ; la dose sera d'une cuillerée à bouche délayée
dans une prise de lait ou dans du bouillon gras,
chauffé au bain marie ; on la donnera de même le
matin à midi, et le soir.

Il faut bien observer de ne pas gorger les enfans
de trop de nourriture ; il vaut mieux en donner moins
que trop. Dans le dernier cas, les enfans sont chargés
d'humeurs, deviennent rachitiques, pituiteux, débiles,
etc., au lieu qu'avec la nourriture strictement nécessaire ils sont forts et vigoureux, ils ont les chairs
fermes, des couleurs vives, l'esprit gai, et sont agiles;
ils dorment paisiblement, la digestion et la nutrition
se font parfaitement, etc.

A l'approche du sevrage , on donnera une ou deux cuillerées de bouillie épaisse , délayée dans quatre ou cinq cuillerées de bouillon au gras, d'abord une fois par jour, puis matin et soir ; et si on reconnoît que cette nourriture animalisée est favorable , ce qui se manifeste par les bonnes digestions , le sommeil tranquille, l'absence de la diarrhée, on en donnera une troisième à midi. On se bornera à une prise de lait pur ou avec addition d'une cuillerée de bouillie légère.

Lorsqu'on s'apercevra que le travail de la dentition fatigue les enfans, on leur donnera pour les amuser une croûte de pain par préférence aux hochets ; ce moyen, indépendamment du peu de nourriture qu'il fournit, est plus utile pour provoquer l'écoulement de la salive, qui devient plus nécessaire que jamais pour aider à la digestion des nouveaux alimens.

L'enfant parvenu à l'âge de 9 à 10 mois et ayant poussé quelques dents, on fera la bouillie de la même manière que la précédente, mais plus forte et presque aussi consistante que la soupe ; faite au gras, elle sera plus nourrissante que celle qui est faite à l'eau ; pour cela on écrasera bien le pain , on le fera bouillir avec le bouillon dans une casserole, jusqu'à ce qu'il en résulte une soupe ou panade un peu délayée. On ne la donnera à l'enfant que lentement, avec une cuiller, et en la lui faisant un peu désirer, afin que par ce moyen la salive coule plus abondamment.

Après cette époque, c'est-à-dire à 10 ou 11 mois, l'enfant étant fort et vigoureux, on pourra lui donner pour nourriture, des bouillies d'orge, de riz, de fécule de pommes de terre , de farine de froment torréfiée, quoique ces substances n'ayent pas fermenté avant la préparation. On pourra aussi donner du lait bouilli, soit seul, soit mêlé à quelqu'autre préparation ; mais toujours avec sobriété, évitant de gorger les enfans.

Je me borne à cela pour la nourriture des enfans, ne devant m'en occuper que jusques au sevrage.

L'allaitement artificiel et autres moyens auxiliaires doivent être employés jusqu'à ce que les enfans ayent poussé les dents de lait ; ils doivent être continués plus long-temps à ceux qui sont d'une foible complexion, qu'à ceux qui sont robustes.

Je crois à propos d'exposer en peu de mots les preuves qui constatent que l'enfant peut non-seulement recevoir des auteurs de ses jours, dans le sein de la mère, des vices de conformation et des virus, mais même qu'une nourrice étrangère peut en l'allaitant lui transmettre des vices morbifiques et des affections morales.

Première observation. M.ᵐᵉ D..... vint au monde avec un bec de lièvre, dont elle fut opérée dans son bas âge. Ayant été mariée, elle a mis au monde douze enfans, dont six sont nés comme elle avec la même difformité, plus ou moins grande.

Deuxième observation. François Laye, habitant d'Agen, né avec adhérence des doigts médius et annulaire de chaque main, les deuxième et troisième orteils de chaque pied, a donné l'existence à un garçon qui est né avec le même vice de conformation, et à une fille, qui indépendamment d'un vice absolument semblable, présente de plus cette particularité, que l'adhérence qui chez le père et le frère n'a lieu qu'avec la peau, s'étend chez la fille jusques aux parties osseuses, de manière que les troisièmes phalanges n'offrent qu'un doigt, mais bien plus large, et un seul ongle, très-large aussi ; les premières et secondes phalanges sont séparées dans chaque doigt, et les mouvemens sont très-libres.

Troisième observation. Rose Devèze, accoucheuse, résidant à Agen, bossue de naissance, a eu une fille bossue comme elle, qui, mariée à 24 ans, a mis au monde trois enfans, dont l'aîné ayant été allaité par une nourrice mercenaire et bien portante, a toujours joui d'une bonne santé, sans vices de conformation ; les deux autres, nourris par la mère, sont devenus difformes, et ont présenté tous les caractères du vice rachitique.

On ne pourra donc corriger les vices morbifiques qu'un enfant apporte du sein de la mère que par une bonne nourrice ; mais comme une nourrice mercenaire peut être elle-même affectée de quelques vices, dans ce cas, il n'y a de ressource pour donner à l'enfant une bonne constitution, que l'allaitement artificiel.

Observation qui vient à l'appui de l'allaitement artificiel.

Mlle Rose Bonafoux, née à Dolmayrac, le 14 avril 1808, issue d'une mère âgée de 44 ans, d'une constitution foible et grêle, et d'un père de 64 ans, nous présente les particularités suivantes :

La grossesse de Mme Bonafoux fut un enchaînement de douleurs, accompagnée dans tout son cours d'inappétence : à 6 mois, œdématie des extrémités inférieures, qui allant en augmentant, s'éleva jusqu'à la région dorsale ; le volume des cuisses s'opposa bientôt à la progression ; à cela se joignit une diffi-

culté de respirer, qui obligea madame à passer sur
un fauteuil le dernier temps de sa grossesse. Vers le
commencement du 8.ᵉ mois, il survint une dissenterie
avec ténesme et fausses douleurs d'accouchement ;
malgré l'œdème, il y eut des symptômes inflamma-
toires, qui nécessitèrent une petite saignée du bras,
aidée de calmans en lavemens et en boissons. Les
accidens dissipés par ce moyen, la grossesse parvint
à son terme, l'accouchement fut un peu laborieux,
et il naquit une fille foible et menue. Cet enfant,
que nous avons désigné sous le nom de Rose Bonafoux, et qui fait le sujet de l'observation, resta pendant six jours sans avoir la force de pleurer, ne
poussant que quelques cris plaintifs, et nous fit craindre une mort prochaine. Quelques heures après sa
naissance, on lui donna de l'eau sucrée, avec un
rouleau de linge en forme de mamelon : à peine
pouvoit-elle l'avaler ; on continua de lui en donner
pendant vingt-quatre heures. Dix-huit heures après
l'accouchement, la mère étant un peu remise, désira
nourrir et se fit présenter l'enfant, qui n'eut jamais
la force de sucer le mamelon, ce qui fut inutilement
tenté de nouveau pendant vingt-quatre heures. On
présenta à l'enfant plusieurs nourrices qui n'eurent
pas plus de succès ; on ne pouvoit attribuer cela qu'au
défaut de forces : je pensai alors qu'il étoit instant de
recourir à l'allaitement artificiel, et pour cela, je
préparai le lait ainsi que je l'ai indiqué ailleurs ; on
en donna avec la cuiller à l'enfant, mais elle faillit
à suffoquer; on essaya le biberon, dont le tuyau fut
garni d'un linge ; même résultat, sans doute parce
que ces instrumens remplissent trop vite la bouche,

et que l'enfant n'avoit pas assez de force pour avaler avec la rapidité convenable.

Je jugeai alors qu'il falloit imaginer un moyen d'administrer le lait modérément et à volonté. C'est à cette occasion que j'eus l'idée de percer une fiole ou taupette au fonds, de garnir le goulot d'un mamelon, et je réussis parfaitement. Dès ce moment, je fis prendre avec la plus grande facilité trois cuillerées de lait préparé, et j'eus le plus grand espoir de sauver l'enfant. On continua de lui en donner ainsi chaque deux heures ; les évacuations se firent bien ; les forces se développèrent et s'accrurent insensiblement, les cris devinrent plus forts ; le sixième jour, l'enfant eut la force de pleurer ; le huitième elle prit le téton ; le douzième on lui donna une nourrice ; aujourd'hui cette demoiselle est une des plus fortes et des mieux constituées.

Le succès d'un procédé si efficace doit provoquer la plus grande reconnoissance de la part de M. et de M.me Bonafoux, qui n'ont pu que par ces secours conserver leur fille unique.

On observera que ce n'est pas seulement le lait ou autre liquide alimentaire qu'on peut donner par les secours de la mamelle artificielle, mais qu'on peut donner par ce moyen tout autre liquide médicamenteux, mais agréable aux enfans.

FIN DE LA PREMIÈRE PARTIE.

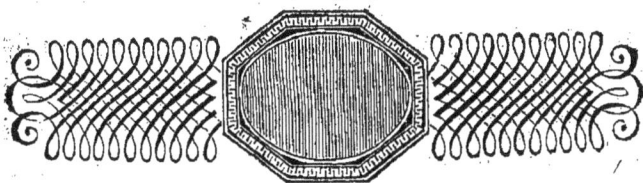

SECONDE PARTIE.

Nouvelle méthode de faire prendre aux enfans de tout âge, aux adultes même, des liquides de toute nature, au moyen du gobelet de Diogène (1).

Un des écueils de l'art de guérir, pour le traitement de la plupart des maladies des enfans, consiste dans la difficulté de faire prendre les liquides nécessaires, soit médicamenteux, soit alimentaires. Cette difficulté cause la perte de beaucoup de sujets ; on entend souvent gémir sur l'impossibilité de rien faire prendre à tel enfant malade, etc. Jusques à ce moment, je n'ai pas eu connoissance qu'il ait été proposé aucun procédé propre à remédier à cet inconvénient, et les praticiens ont généralement été réduits à livrer à l'intelligence et à l'industrie des parens ou des per-

(1) Diogène, philosophe cinique, né l'an 4116 avant notre ère. Les philosophes de la Grèce étoient impérieux dans leurs idées : celui-ci étoit orgueilleux d'être pauvre. Il porta à l'extrême la manière de vivre des ciniques ; couvert de haillons, ou plutôt nud, il n'avoit gardé pour tout meuble, qu'une besace, un bâton et une écuelle de bois.

Un jour il vit qu'un enfant buvoit dans le creux de sa main. Comment, s'écria-t-il, j'ai conservé une chose superflue ; et le cinique brisa son écuelle : dans la suite il but avec sa main.

sonnes consacrées au service des malades, le soin de leur administrer bien ou mal les choses nécessaires.

Les notes suivantes font connoître l'embarras des médecins, même les plus expérimentés dans ces circonstances. Underwood, dans son *Traité des Maladies des enfans*, page 42, rapporte la pratique de M. Armstrong; et après avoir donné une série de remèdes pour combattre les accidens produits par l'opium, il dit expressément : « Si tous ces moyens sont in- » suffisans, on pourra peut-être hasarder les acides » intérieurement, surtout le vinaigre de vin, au » cas que l'enfant veuille en prendre quelque goutte, » ce qui est fort douteux : malheureusement, il n'y » a pas cependant de moyen plus efficace pour arrêter » les suites fâcheuses de l'opium et des autres poisons » végétaux, que les enfans plus âgés prennent quel- » quefois sans en savoir le danger, tels que les baies » de la belladona, etc. »

Dans le même auteur, article de la *coqueluche*, page 197, il est dit « une infusion de baume d'hy- » sope ou de marrube blanc, si l'on peut en faire prendre à l'enfant. »

Ibidem, article de la *petite vérole*, page 333 : « Le » tartre stibié, agissant aussi par bas, tient lieu de » purgatif, ce qui est d'un très-grand avantage pour » les enfans, qui se refusent tous à prendre des laxa- » tifs par la bouche. Or, les laxatifs ne sont pas » indifférens dans les premiers jours, etc. »

J'ose répondre à M. Armstrong et à tous les praticiens quelconques, que les enfans prendront à l'avenir tout ce qu'on voudra leur donner, bon ou mauvais, à la faveur du procédé que j'ai imaginé et dont je vais donner connoissance. Plusieurs praticiens , mes collègues , convaincus par l'usage que j'en ai fait sous leurs yeux et par le succès qui s'en est suivi , m'ont pressé de lui donner toute la publicité que mérite un secours si indispensable et sans lequel ils avouent que tous leurs efforts auroient été inutiles pour sauver des malades prêts à périr.

Je pose en principe , que la déglutition ne peut se faire aisément qu'autant que la respiration est libre : quel moyen qu'on emploie pour faire avaler quelque chose aux enfans malgré eux , qui gêne cette fonction , il devient nuisible , contre nature et capable de suffoquer , comme je vais le prouver.

Jusqu'à présent on a mis en usage la cuiller et le biberon pour faire prendre par force des liquides aux enfans. L'enfant à qui on présente l'un ou l'autre de ces instrumens le refuse , serre les dents ; on lui bouche le nez , on saisit l'instant qu'il ouvre la bouche pour respirer , et on insinue l'instrument : par ce moyen on remplit aisément la bouche de liquide ; mais dans cette situation , et le nez restant bouché, la suffocation est à craindre par l'inspiration du liquide , qui est attiré de la bouche dans la poitrine ; l'expérience n'a que trop prouvé le danger de cette méthode. La respiration est-elle libre , ce que la bouche contient est rejeté par les mouvemens tumultueux de l'air qui entre ou sort brusquement et irrégulièrement. On doit d'après cela et d'après ce que chacun peut avoir fréquemment éprouvé , être convaincu de l'insuffisance et de l'inconvénient de ces moyens et de la vérité de ce que j'avance.

Ma nouvelle méthode est simple et mécanique ;

tout le monde pourra la mettre en pratique avec la plus grande facilité. La main formant le gobelet de Diogène, armée d'une cuiller, en est l'instrument (Voyez pl. 2, fig. 1.re). Jusques à présent, je me suis servi d'une cuiller d'étain ; mais je conseille de la faire en buis ou en corne, ayant les bords du cuilleron forts et arrondis ; le dessous doit être très-peu convexe, afin que les côtés conservent toute leur force.

Pour mettre ce procédé en pratique, on trempe la main dans l'eau chaude ou fraîche, afin que les doigts fortement rapprochés soient pour ainsi dire collés entr'eux, et que leurs intervalles soient moins perméables. On place le manche de la cuiller entre le pouce et le doigt indicateur, la moitié du cuilleron doit dépasser le bord interne ou le petit bord de la main (1), l'autre moitié doit être logée dans le creux de la main.

Le malade placé convenablement dans le lit ou ailleurs, et retenu par des aides, ayant la tête un peu, mais pas trop relevée, on introduira la moitié du cuilleron dans la bouche du malade; on l'assujettira bien solidement avec le pouce et le doigt indicateur; en même temps on appliquera le petit bord de la main entre la lèvre inférieure et le menton, le creux de la main formant ainsi le gobelet de Diogène, tandis que le petit bord de la main forme un demi-cercle qui s'adapte parfaitement et se colle aux joues en dépassant les commissures des lèvres ; la cuiller

---

(1) Dans la description anatomique, on entend par petit bord ou bord interne de la main, l'étendue qu'il y a depuis le poignet jusqu'à l'extrémité du petit doigt.

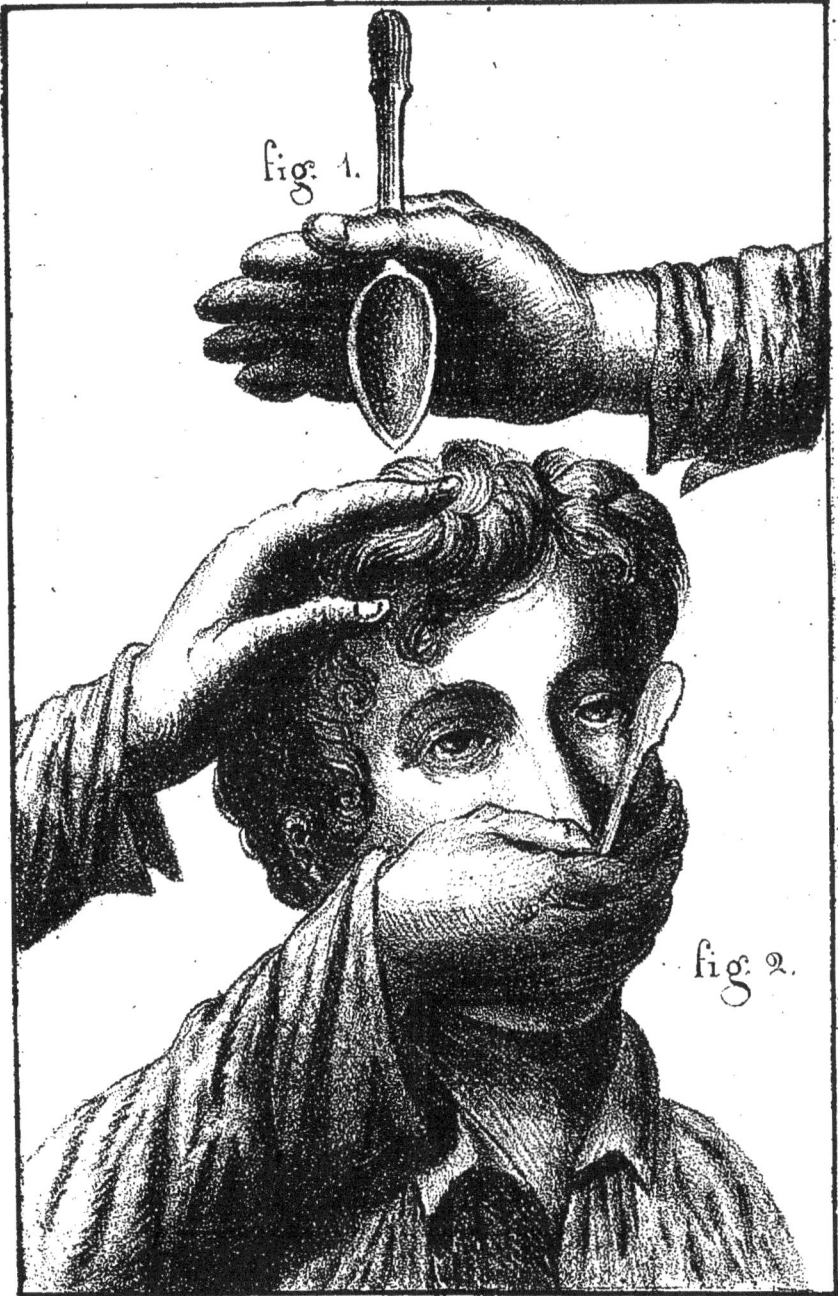

Pl. II.

fig. 1.

fig. 2.

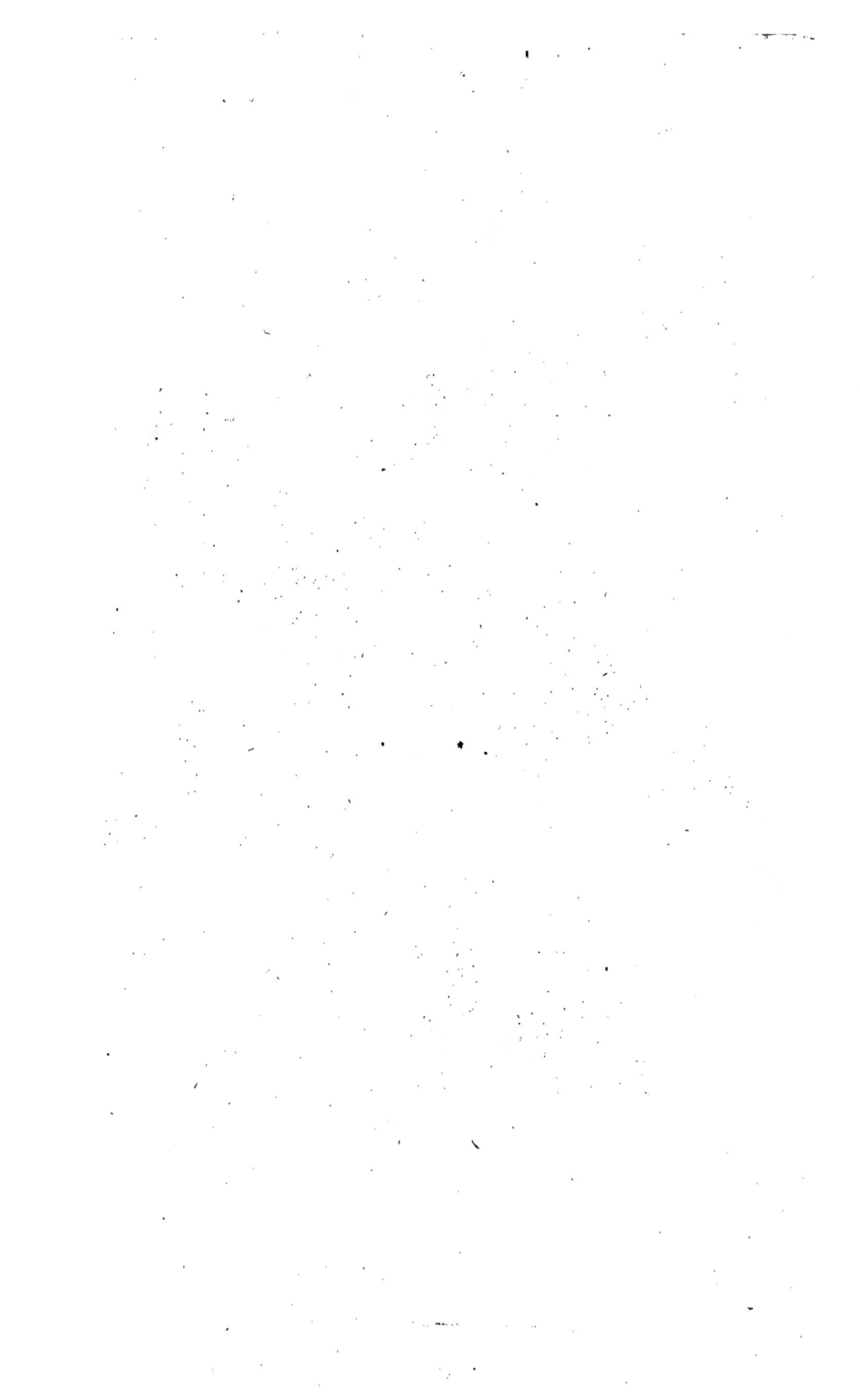

fait fonction de bâillon ; la bouche et la main qui est
ainsi adaptée, forment une seule cavité (Voy. fig. 2) ;
on applique l'autre main sur l'occiput, pour assujettir
la tête.

J'ai imaginé cette méthode pour vaincre la résistance qu'opposent les enfans et les adultes, soit par
opiniâtreté ou par l'aliénation d'esprit, qui a lieu dans
certaines maladies, qui troublent plus ou moins les
sens, comme les fièvres malignes, les affections co-
mateuses, les convulsions, etc.

Lorsque les enfans refusent d'ouvrir la bouche pour
recevoir la cuiller, comme cela leur arrive très-
souvent, lorsqu'ils sont parvenus à l'âge de trois à
quatre ans ou plus, et qu'ils sont forts et vigoureux,
on leur serre le nez, et on saisit, pour introduire la
cuiller, le moment où ils ouvrent la bouche pour respirer ; mais aussitôt que l'instrument est introduit,
on lâche le nez pour rétablir la faculté de respirer ;
on en agit de même envers les grandes personnes :
quant aux enfans qui n'ont pas plus de deux ans, il
n'y a pas la moindre difficulté.

Le gobelet de Diogène, bien appliqué, sera l'entonnoir de la bouche, comme le pharinx l'est de l'œsophage.

Lorsque cet appareil sera une fois bien placé, la main
suivant exactement les mouvemens de la tête des malades dans les secousses et les efforts quelconques que
ceux-ci peuvent faire, il ne se dérangera pas.

Le gobelet ainsi placé, on verse doucement et sans
se presser, dans le creux de la main, les liquides,
quels qu'ils soient ; les moyens les plus commodes
pour verser ces liquides dans la main sont la fiole, le

biberon, et, à défaut de cela, la cuiller ou un verre :
l'inclinaison fait tomber les liquides du gobelet dans
la bouche ; si la personne ne les avale pas , elle fait
des efforts pour les repousser , mais ils s'arrètent au
creux de la main ; le pouce leur sert de digue, et
ils redescendent toujours dans la bouche.

On doit s'attendre que les enfans forts et vigoureux , ainsi que les adultes , chasseront hors de la
main , par de fortes expirations , une partie de ce
qu'on leur donnera : mais ils en avalent toujours une
grande partie ; et, d'ailleurs , on aura l'attention
d'augmenter les doses du liquide , pour suppléer à
ce qui pourra s'être perdu. On s'assurera ainsi , par
approximation , que la quantité requise d'alimens ou
de médicamens a été donnée. Je le répète , les enfans
de deux ans et au-dessous prendront par ce moyen
tout le liquide sans en perdre une goutte.

J'appuyerai de quelques observations ce que je
viens de dire en faveur de mon invention , afin de
convaincre de sa supériorité sur tous les procédés
usités jusqu'à ce moment.

Première observation. En mai 1787 , je fus invité
à me rendre en toute diligence au couvent des Orphe-
lines de notre ville ; il étoit dix heures du matin. Quoique je ne fisse point le service de cette maison, on eut
recours à moi pour donner de prompts secours à Mlle
Marthe-Foi Dayrie, pensionnaire, fille de M. Dayrie,
conseiller à la cour royale, âgée de 8 à 9 ans. A mon arrivée, elle étoit dans un état de suffocation striduleuse,
comme dans le croup , avec des mouvemens convulsifs qui existoient depuis deux heures , et prove-
noient d'une cause vermineuse ; l'état convulsif étoit

plus violent du côté gauche, et la bouche étoit tournée de ce même côté ; les forces dans ce moment
étoient épuisées à la suite des violentes contractions
musculaires qu'elle avoit éprouvées ; la figure étoit
décomposée , bleuâtre et livide , comme lorsqu'on
périt par strangulation ; les commissures des lèvres
étoient inondées d'une écume sanguinolente; la respiration étoit difficile ; la gorge gonflée ; le pouls petit,
concentré et très-précipité, disparoissoit par temps :
cet état , qui paroissoit désespérant, me fit douter
de mon succès ordinaire. Les dames religieuses avoient
essayé inutilement de lui faire avaler quelque chose ;
je la plaçai sur les genoux d'une femme , et ayant
introduit la cuiller dans la bouche suivant ma méthode , je commençai à nettoyer la bouche jusqu'au
larinx avec une plume (1) garnie de barbe, et je re-
tirai ainsi toutes les glaires dont ces cavités étoient
tapissées, comme cela arrive ordinairement en pareil
cas. On prépara à l'instant deux verrées de potion
avec le suc d'absinthe , l'huile et l'eau de fleurs
d'orange , que je lui fis boire à la faveur du gobelet
de Diogène; je fis succéder de l'eau tiède, et voyant

(1) L'usage des plumes est un grand moyen et trop peu usité.
Underwood, page 131.

Voyez encore un ouvrage populaire intitulé : *Moyens faciles et
assurés pour conserver la santé , et se garantir et guérir de beaucoup
de maladies sans prendre aucun remède*, par le sieur *Domergue*. A
Paris, chez Théodore Lebras , au troisième pillier de la grande salle
du Palais, à L couronnée. 1720. — Dans cet ouvrage, qui paroît
très-rapsodieux , les praticiens y reconnoîtront cependant un certain
mérite , surtout par l'usage de la plume, pour enlever et débar-
rasser le gosier des glaires qui l'engouent dans certains cas; par
ce moyen on provoque le vomissement qui remplace le vomitif sans
en avoir les désavantages.

qu'elle ne vomissoit pas ces boissons désagréables ; je
déterminai, par le secours de la plume portée jusqu'à
l'œsophage, le vomissement d'une quantité considé-
rable de glaires, qui filoient comme du blanc d'œuf,
et qui étoient combinées avec des matières alimentaires plus ou moins digérées. A peine eut-elle vomi,
que la respiration devint plus libre, les mouvemens
convulsifs moins forts, le pouls meilleur. J'eus alors
un peu d'espoir de la rétablir. Je lui donnai, tout de
suite après le premier vomissement, de l'infusion
d'absinthe par le même moyen, et j'en sollicitai encore, à l'aide de la plume, le vomissement : je
réitérai ces moyens quatre ou cinq fois dans l'espace
de trois quarts-d'heure, et au bout de ce temps, les
symptômes alarmans cessèrent ; la malade reprit sa
parfaite connoissance ; le père la fit transporter chez
lui, où elle éprouva une fièvre vermineuse qui fut
traitée par le médecin de la maison ; elle en guérit,
et elle vit encore.

Deuxième observation. Le 22 janvier 1803, je fus
appelé chez M. Barsalou, négociant, rue du Pin de
la ville d'Agen, à 9 heures du soir, pour donner
des secours à Joseph-Etienne Barsalou, son fils,
âgé, de 3 ans, en proie à une violente attaque de
vers avec spasme ; en moins d'une heure les forces
furent épuisées. A mon arrivée, je le trouvai presque froid ; la respiration étoit laborieuse, le visage
pâle et décoloré, la prunelle dilatée, la cornée terne,
la paupière inférieure entourée d'un cercle violet, les
mâchoires serrées, par moment grincement des dents,
bouche tournée à gauche, et du même côté contor-
sions spasmodiques qui tirailloient la commissure des

lèvres ; le pouls perdu ou à peine sensible par un
petit frémissement. On avoit tenté inutilement de le
faire boire : ayant placé convenablement le malade,
j'introduisis la cuiller dans la bouche comme dans le
cas précédent, je nettoyai de même la bouche avec
la plume, je m'empressai de faire avaler de l'eau
d'absinthe que je trouvai toute prête, et à laquelle
j'ajoutai de l'huile et de l'eau de fleurs d'orange ;
j'introduisis de nouveau la plume sans délai, et sollicitai le vomissement de beaucoup de glaires ; dès ce
moment l'enfant revint à un meilleur état ; je redou-
blai mes soins : deux lavemens avec du savon, donnés
immédiatement, évacuèrent abondamment ; après
cela je donnai toujours, à l'aide du gobelet de Diogène,
une potion vermifuge et beaucoup d'eau tiède ; puis,
à la faveur de la plume, il rejeta trois fois ; au bout
de demi-heure l'enfant pleura, et dans une heure il
fut hors de danger. Le reste des soins fut donné par
M. Belloc aîné, médecin, qui occupe dans l'art de
guérir une place distinguée.

Troisième observation. En mai 1807, je fus appelé
chez le sieur Aldigé, cordier, rue du Pin, dont le
fils, âgé de 3 ans, étoit fatigué depuis une heure
par des accidens convulsifs, mais dans un état moins
alarmant que le sujet de l'observation précédente ;
la figure de celui-ci étant rouge et animée, le pouls
assez bon, les mâchoires contractées, par temps
grincement des dents, j'eus recours aux mêmes moyens,
aux mêmes remèdes que dans les cas ci-dessus ; et
voyant qu'après deux vomissemens, il ne se remettoit

4

pas assez vîte, quoiqu'il fût dans un calme satisfaisant, un état comateux subsistant, j'administrai de l'émétique en lavage, et j'obtins au moyen de la plume le vomissement qui tardoit à s'opérer ; après cela, je continuai à lui faire avaler par force, à l'aide du gobelet de Diogène, de l'eau d'absinthe ; il rejeta plusieurs fois par ce dernier moyen, et expulsa deux gros vers par la bouche : l'enfant fut entièrement délivré de ces accidens ; il redevint gai et calme, n'éprouvant que la lassitude ordinaire. Après les efforts et les troubles qu'il avoit éprouvés, il fallut les jours suivans, continuer à combattre l'état vermineux, en lui faisant prendre, à l'aide du gobelet de Diogène, quelques purgatifs qui expulsèrent plusieurs strongles, et l'enfant se rétablit parfaitement.

Un an après, le même enfant se trouvant dans le même cas, on eut recours, en mon absence, à un médecin qui ayant prescrit de l'huile de palma-christi, mais n'ayant pu parvenir à la lui faire avaler, se retira sans l'avoir soulagé, et en le livrant à son malheureux sort et aux soins inutiles des parens. C'est dans cet état de choses que j'arrivai auprès de cette malheureuse victime de l'insuffisance des moyens ordinaires : je la trouvai dans la situation la plus grave ; mais ayant eu promptement recours aux moyens et au mode d'administration dont j'ai déjà donné les détails, j'obtins le succès le plus complet en redonnant, pour ainsi dire, une nouvelle existence à l'enfant, et aux parens une joie qu'ils avoient déjà commencé d'éprouver au moment de mon arrivée.

Quatrième observation. Antoinette, fille de M.

Segond, marchand de cuivre, rue du Pin, fut atteinte,
le 27 août 1808, d'une affection comateuse avec tré-
moussement : on soupçonna avec raison une cause
vermineuse ; par temps des mouvemens convulsifs,
des spasmes redoublant graduellement, face d'abord
bleuâtre, livide, puis pâle, respiration difficile,
grincement des dents, etc., et généralement tout ce
qui caractérise une forte attaque de vers. En mon
absence, MM. Argenton et Sauturon, médecins, pres-
crivirent tout ce que la circonstance exigeoit ; mais
quoiqu'ils fussent restés présens pendant une heure
pour diriger et effectuer l'emploi des remèdes, ils
n'y réussirent pas : le mal empira, les forces géné-
rales et en particulier celles des fonctions vitales
diminuèrent, et l'état des choses étoit des plus alarmans lorsque j'arrivai. Je m'empressai, en présence
de MM. les docteurs, de mettre en pratique mon
procédé, tel que je l'ai décrit dans les observations
précédentes, avec les mêmes circontances ; il fut
suivi des mêmes effets, de vomissement de glaires, etc.,
de soulagement graduel, d'expulsion de vers, etc. :
l'efficacité de ce secours obtint des médecins l'aveu de
son inappréciable utilité.

Cinquième observation. Le 14 octobre 1804, à
neuf heures du soir, je fus appelé chez un charpentier de cette ville, âgé de 39 ans ; je le trouvai dans
un état qui approchoit de l'asphyxie, occasionné par
l'ivresse, sans connoissance, ni mouvement ; le pouls
étoit foible et embarrassé ; la respiration presque
nulle ; la face livide et plombée : je lui fis avaler,

sans délai, par le moyen de mon procédé, une chopine d'oxycrat tiède, et au même instant je provoquai
le vomissement, au moyen de la plume, d'une si
grande quantité de vin et de substances alimentaires,
que tous les assistans et moi en fûmes étonnés. Revenu
à lui, il prit de lui-même une boisson d'eau tiède, et
s'excita à vomir en usant de la plume comme je l'avois
fait auparavant; il fut dès-lors complétement soulagé,
ne conservant que la honte de son intempérance.

Sixième observation. Etienne Verdier, charpentier,
rue des embans d'Agen, âgé de 36 ans, fût atteint,
dans le printemps de 1805, d'une fièvre tierce qui
résista à tous les moyens curatifs qui lui furent pres-
crits par les médecins. Un ami lui conseilla de boire de
l'eau-de-vie : fidèle à ce conseil, il en but six verres
de suite; il ajouta à cela une bouteille de vin géné-
reux : de là il va exposer sa tête au soleil; commen-
çant à éprouver quelques effets de cet étrange traitement, il se rendit chez lui pour se coucher ; entré
dans le lit, il se fit donner par sa femme un verre
d'eau-de-vie, et bientôt après il tomba dans une
frénésie qui devint bientôt furieuse. Il étoit logé à un
premier étage : dans sa furie, il sort de son lit, jette
par la fenêtre les meubles qui tombent sous sa main ;
saisit sa femme qu'il prend pour un meuble, et fait
effort pour la jeter en bas et s'y précipiter lui-même :
mais la femme résiste, et appelle par ses cris des voisins
qui se rendent maîtres du furieux. J'arrive à l'instant
et le trouve au lit, où huit personnes pouvoient à
peine le tenir. Il étoit dans une situation effrayante,

et offroit le tableau le plus frappant du désordre où
étoit l'économie animale ; il représentoit un accès
d'hydrophobie des plus graves ; il faisoit effort pour
mordre les environnans ; le pouls, entr'autres symptômes fâcheux, étoit foible, petit, irrégulier et par-
fois nul, etc. Je le fis mettre au gilet de force (1) :
m'en étant rendu ainsi maître, et apprenant qu'on
n'avoit pu réussir à lui faire avaler aucune goutte de
liquide, et qu'il avoit brisé tous les verres et tasses
qu'on lui avoit présentés avec de l'eau, j'eus recours
à ma manière, au gobelet de Diogène, et je lui fis
avaler au moins une bouteille et demie d'eau ; le vomissement ne n'effectuant pas, je lui fis encore prendre un
quart-d'heure après, environ une chopine d'oxycrat ;
peu après qu'il eut commencé à boire de l'eau, la fureur
commença à diminuer, le pouls s'améliora, la couleur
du visage devint plus naturelle, et, dans l'espace de
trois heures, le calme fut complétement rétabli. On lui
ôta pour lors le gilet de force, et une sueur qui succéda
mit fin à cette terrible scène. Est-il un cas plus propre
à faire sentir l'avantage de mon invention ? est-il un
homme de l'art qui puisse nier que sans ce secours
on eût pu introduire dans l'estomac le seul moyen
propre à éteindre l'ardeur qui consumoit ce malheureux, et que l'eau soulagea si promptement et si
efficacement?

Les observations dont je viens de donner l'histoire

_____

(1) Tout homme de l'art devroit en être pourvu : il est cruel de
voir un homme attaché avec des écheveaux de fil comme ceux qu'on
supplicioit jadis sur la croix de Saint-André, sans compter les grands
accidens produits par cette mauvaise méthode, etc.

seront, je pense, suffisantes pour fixer les esprits sur l'importance et l'utilité de ma découverte.

Il me reste à inviter les pères de famille à en prendre connoissance, parce qu'ils peuvent être, une fois ou autre, dans le cas d'en avoir besoin pour leurs enfans.

Mon invention est surtout nécessaire , comme je l'ai dit ailleurs, pour les hospices, où l'on reçoit les enfans naturels ; mais comme les soins y sont confiés à des femmes, il ne faudra rien moins que des ordres supérieurs pour les faire renoncer à la routine dont elles ont contracté l'habitude.

L'importance que tout bon gouvernement attache à tout ce qui peut concourir au bonheur du peuple , et notamment à la propagation et à la conservation des hommes ; la bienveillance particulière de notre bien-aimé Monarque, pour faire jouir son peuple de tout ce que présentent d'utile les découvertes journalières, qui peuvent tendre à ce but , m'inspirent la confiance que le tribut que je paie à ma patrie d'une invention dont on ne peut, ce me semble, révoquer en doute l'utilité, ne sera pas reçu avec moins de reconnoissance que tant d'autres découvertes, pour la plupart moins sûres ou d'une efficacité moins évidente , et qui n'ont pas laissé que d'être accueillies avec enthousiasme , et acquises même à grands frais par les souverains ou par les gouvernemens. Je pourrois citer parmi ces prétendues découvertes les secrets pour la guérison des hernies, de la pierre, du ténia ou autres espèces de vers, etc.

Pour faire ressortir les avantages de mon procédé sous le rapport de la conservation des enfans, qui périroient ou qui périssent faute de leur administrer à propos les remèdes nécessaires pour les soustraire à une mort inévitable, je présenterai un tableau du territoire français, par lequel on pourra calculer à peu près le nombre des citoyens qu'on peut conserver. Ainsi, la France est divisée en 86 départemens, subdivisés en 2,835 cantons, ceux-ci en communes : en supposant qu'il ne périsse par canton, l'un portant l'autre, que quatre enfans (je me restreins à deux), faute d'un moyen convenable pour pratiquer l'allaitement artificiel, ou pour leur administrer les liquides médicamenteux ou autres, le nombre total des individus conservés pour tout le royaume s'élèveroit annuellement à 5,670.

FIN.